¿Es un elefante?

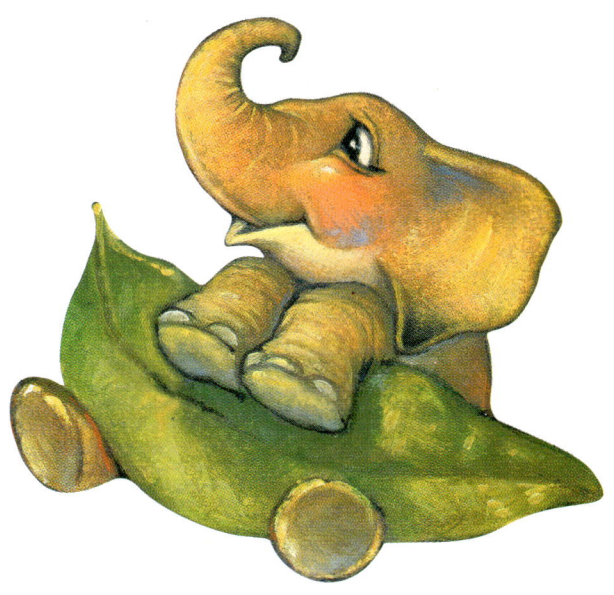

Lada Kratky
Ilustrado por Wayne Parmenter

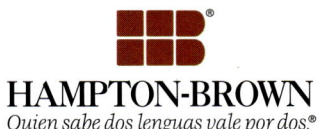

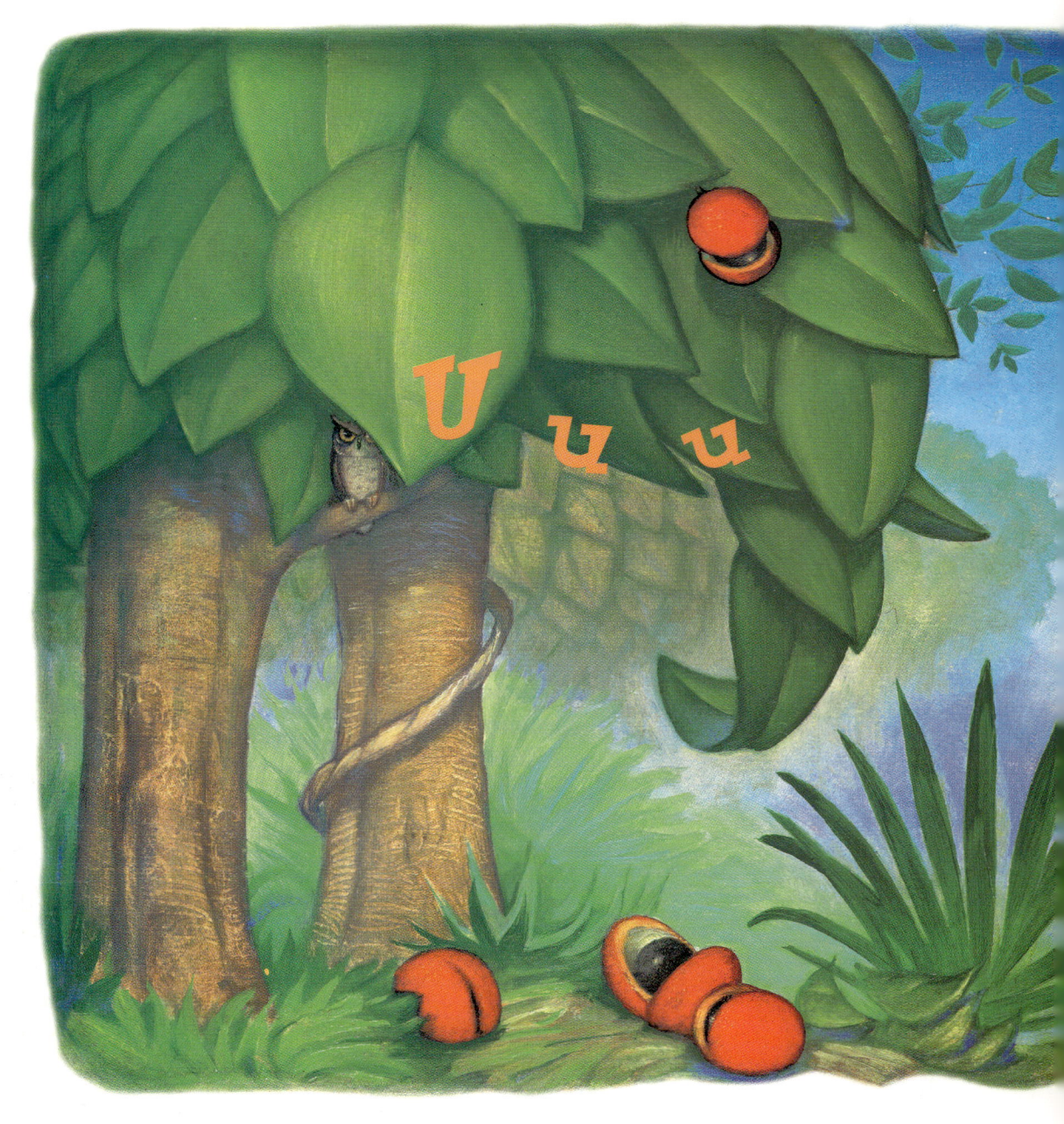

¿Es un elefante?

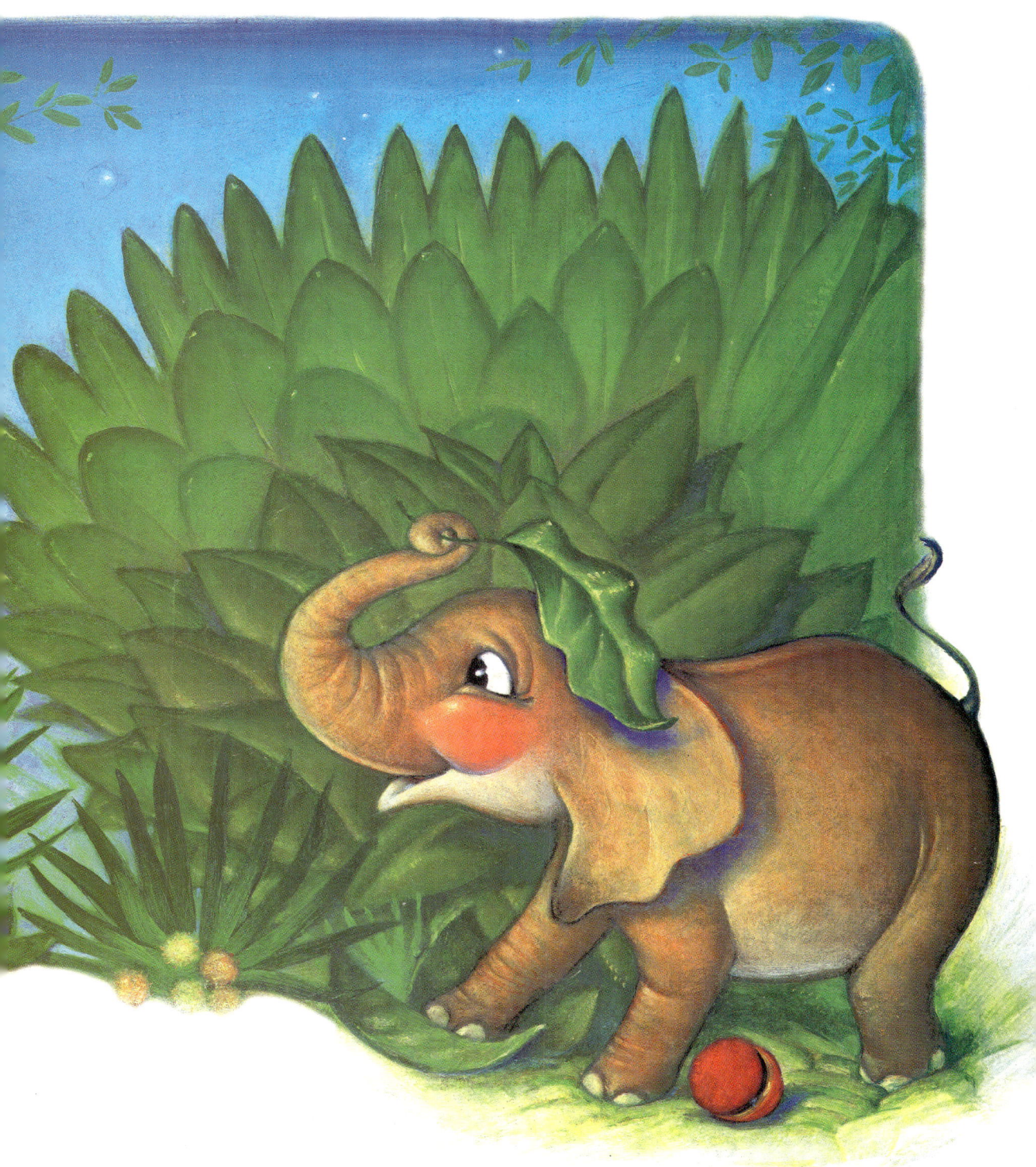

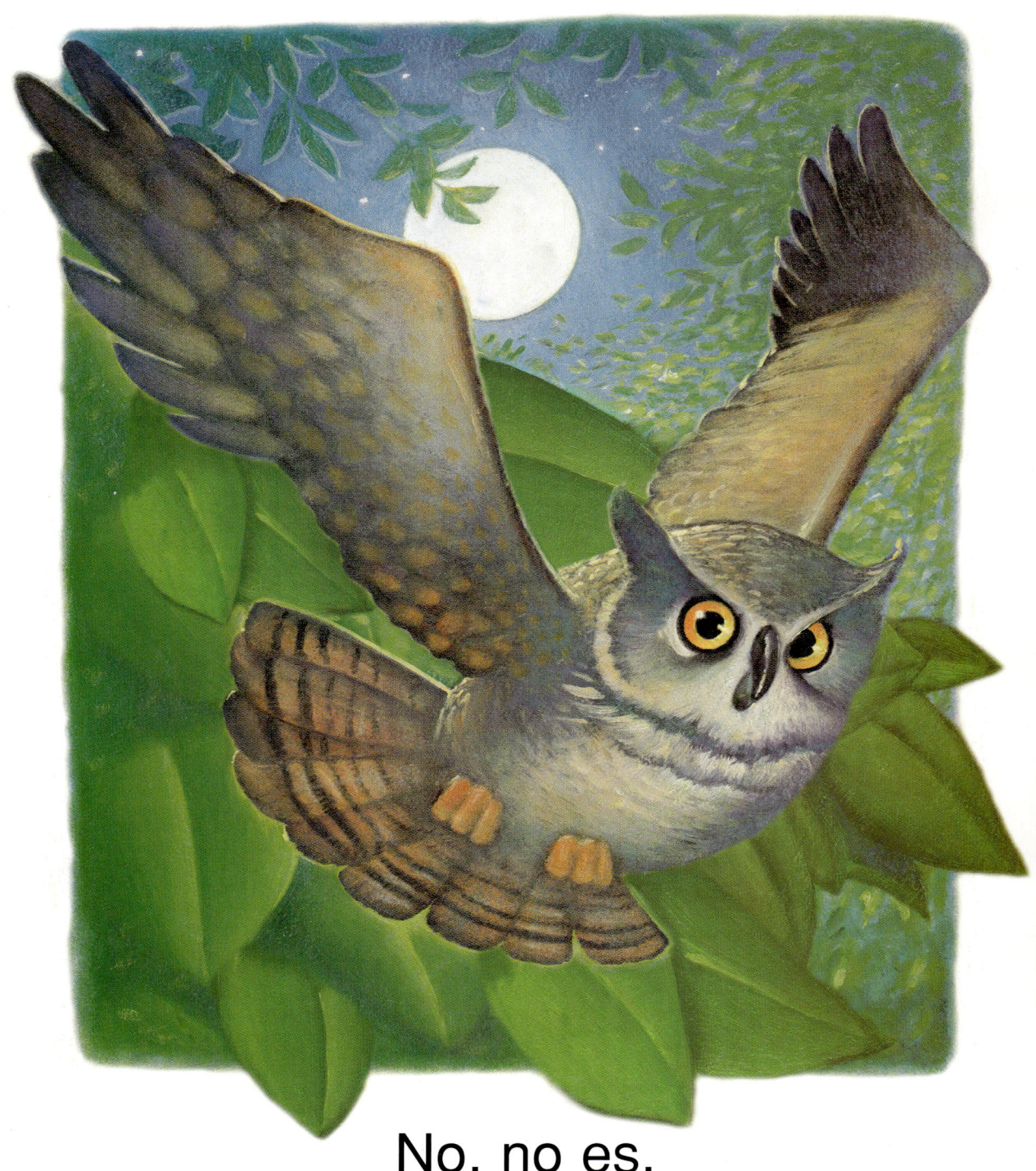

No, no es.

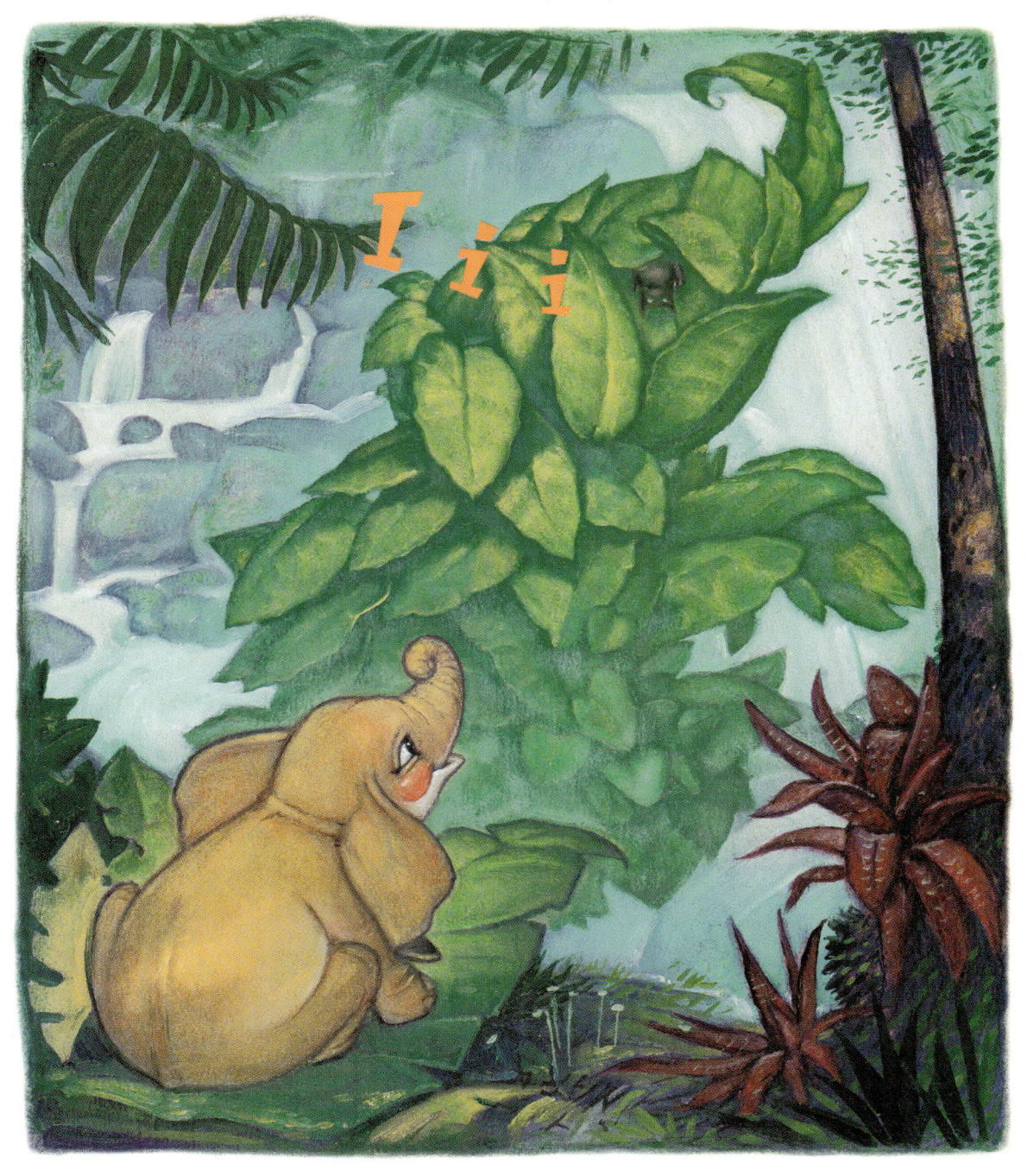

¿Es un elefante?

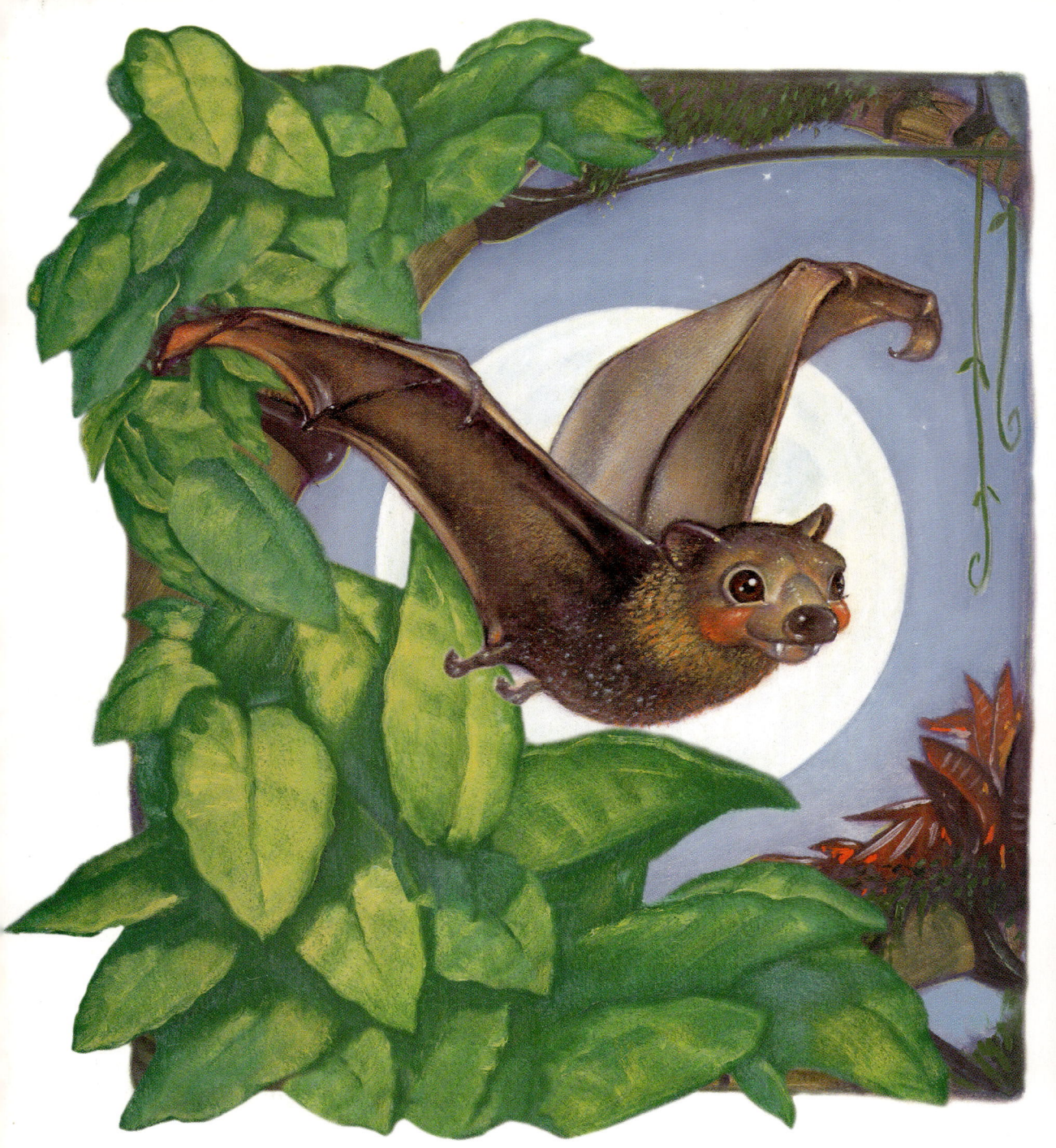

No, no es.

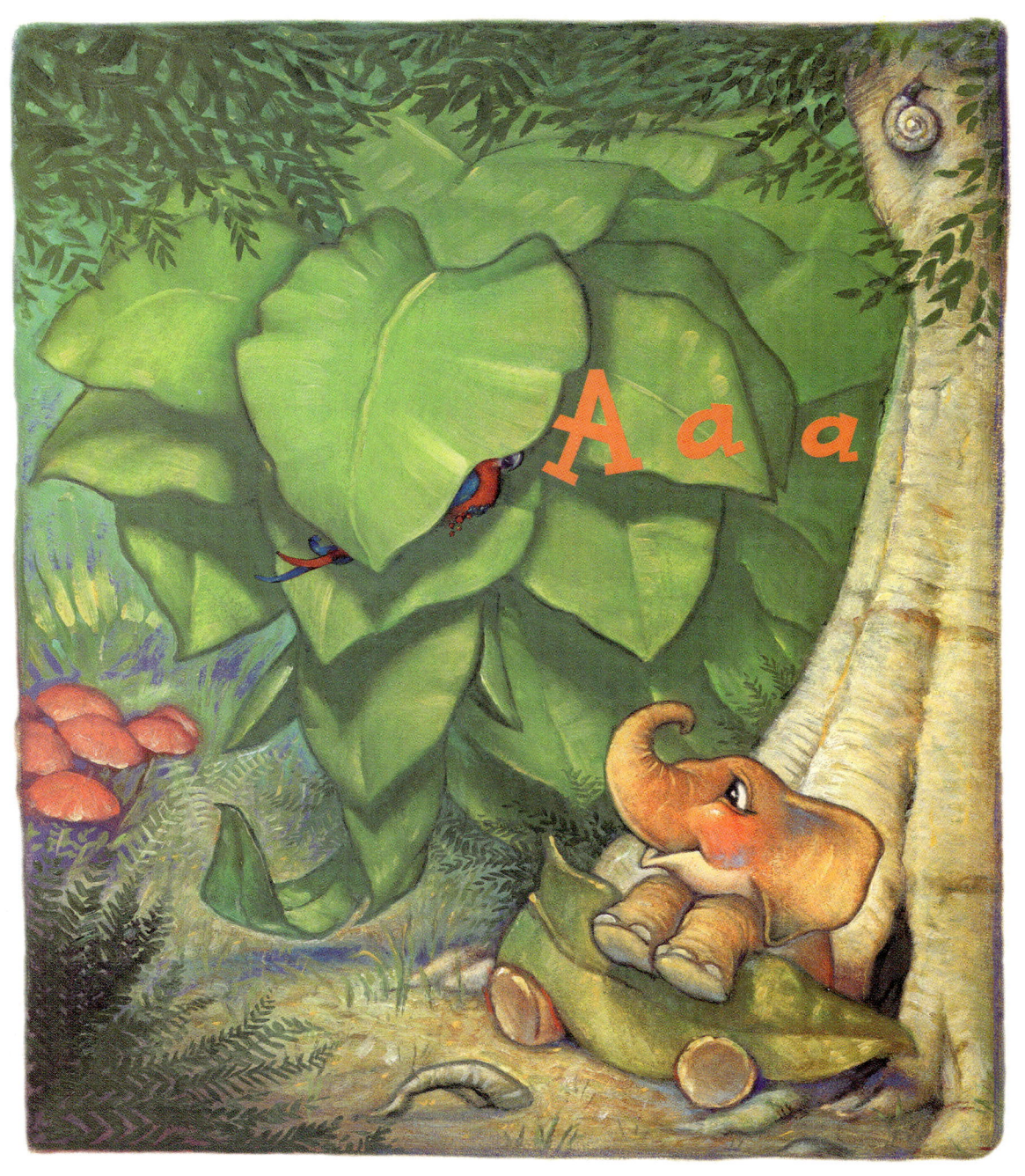

¿Es un elefante?

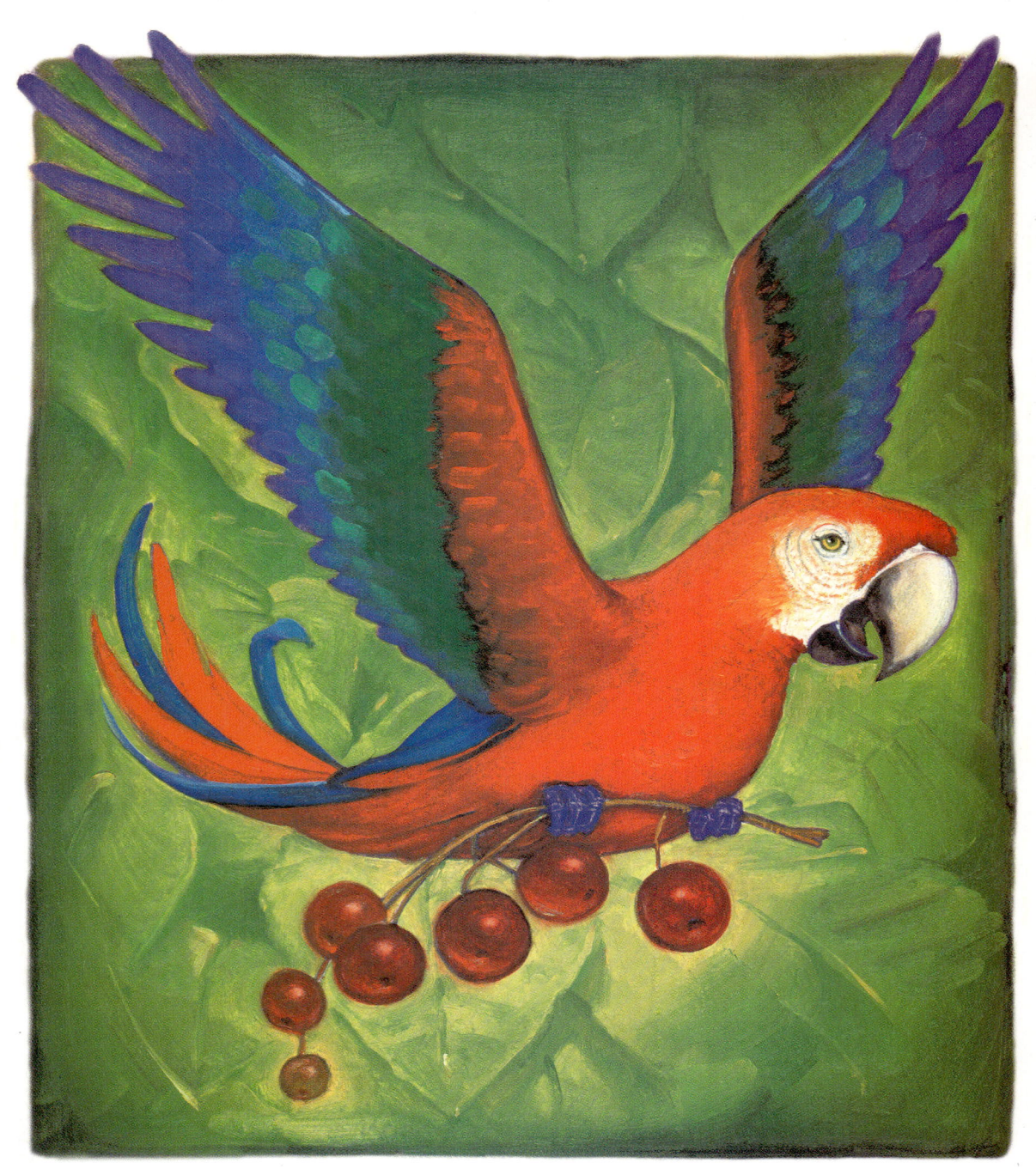

No, no es.

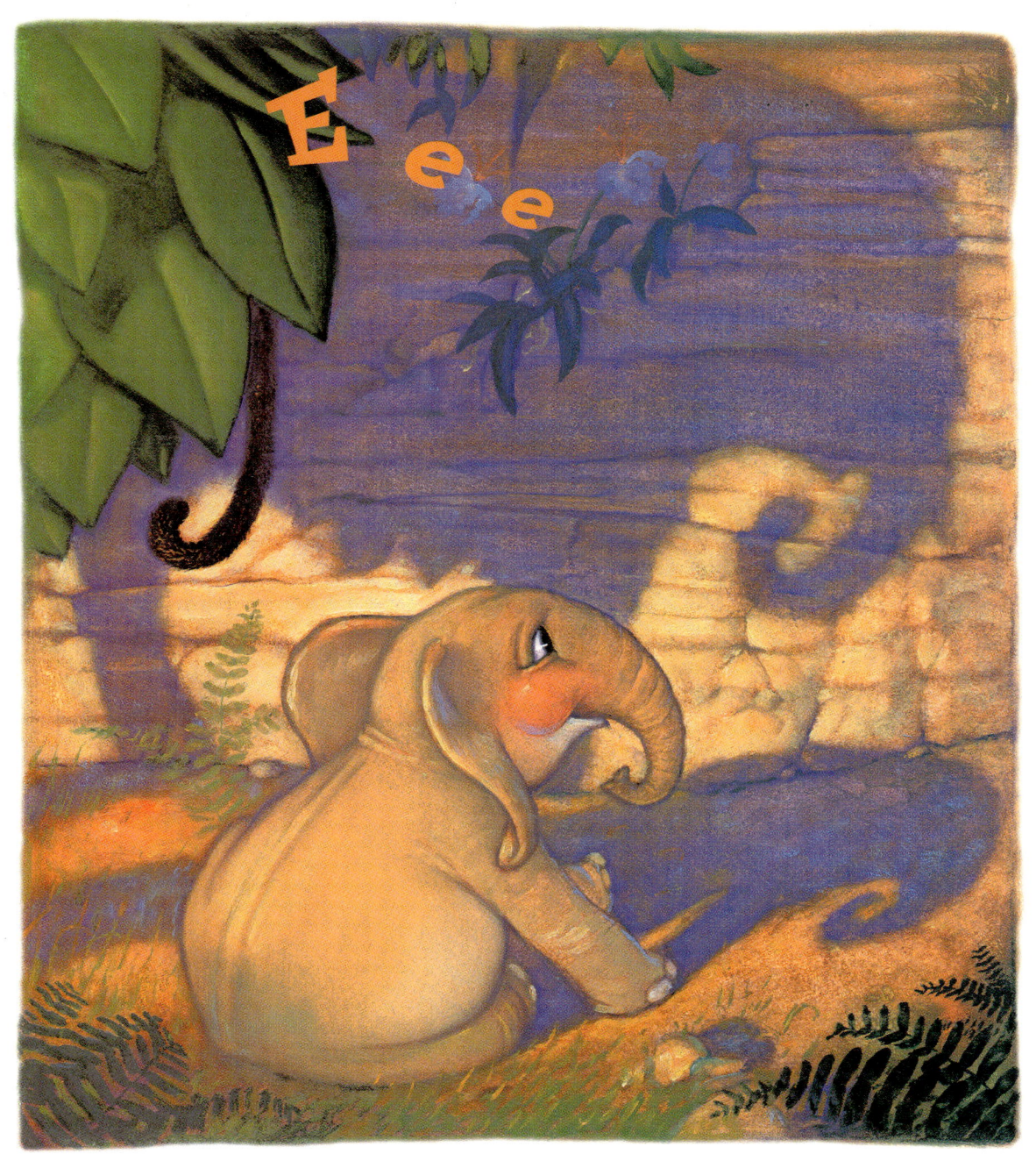

¿Es un elefante?

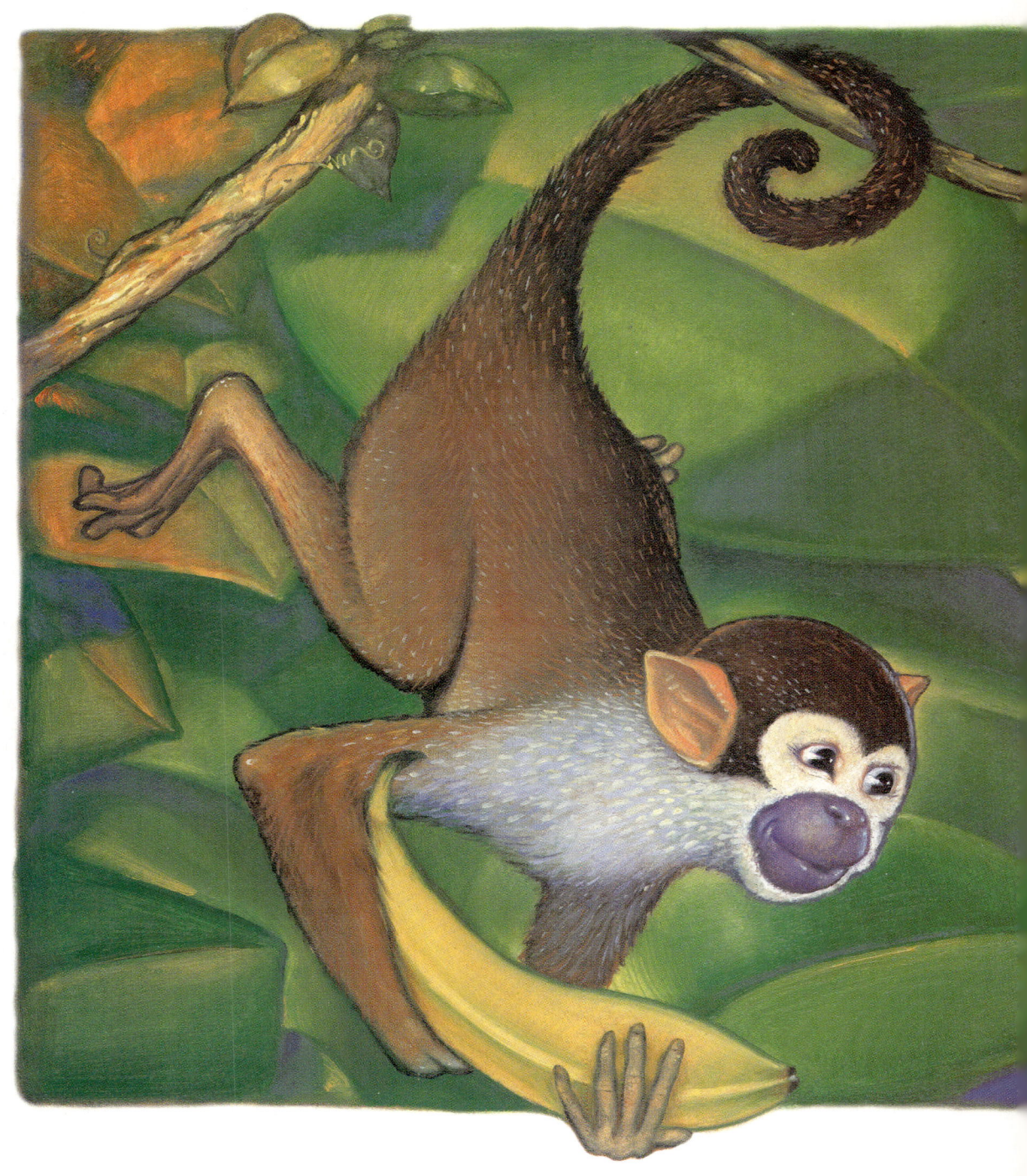

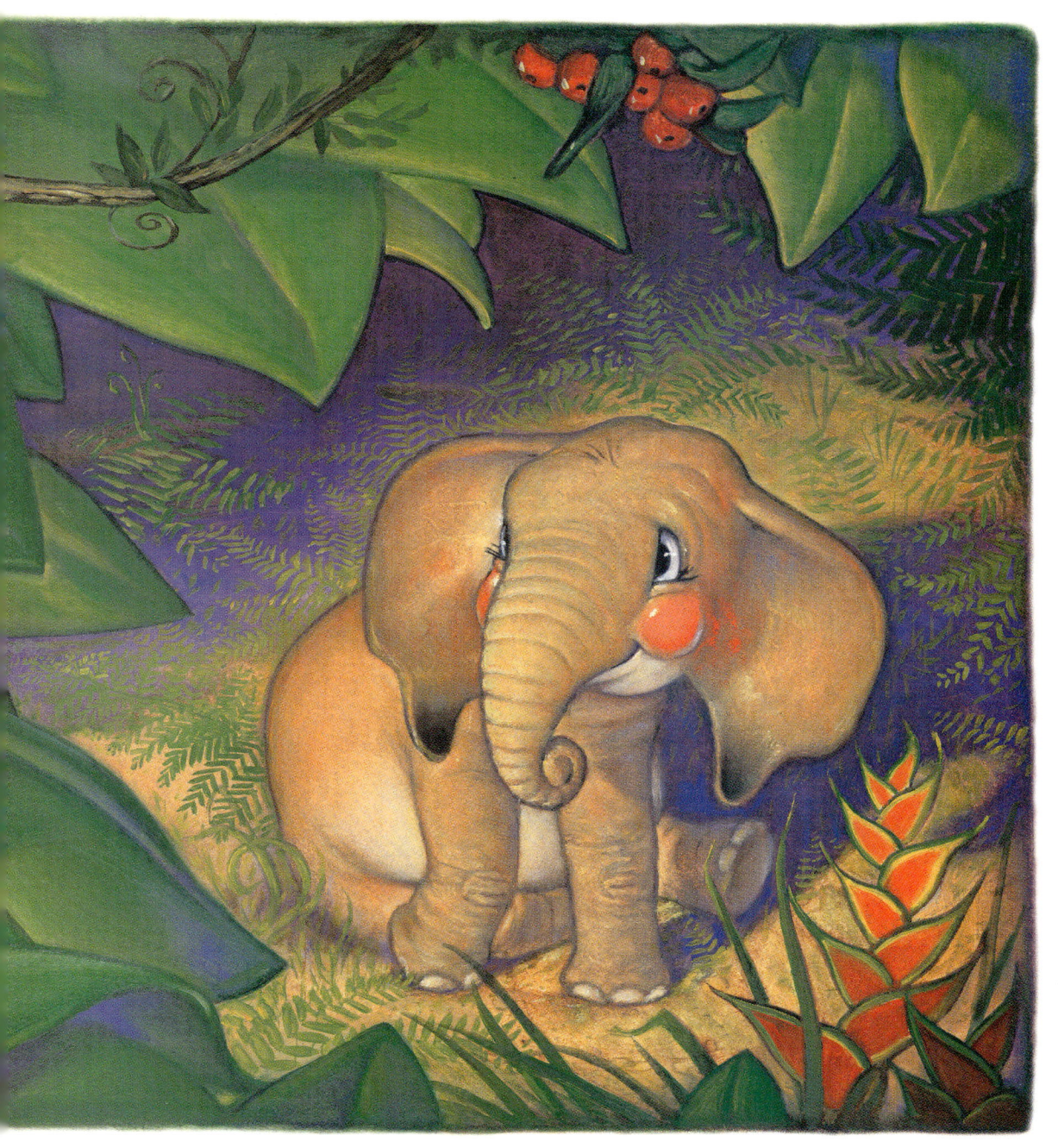

No, no es.

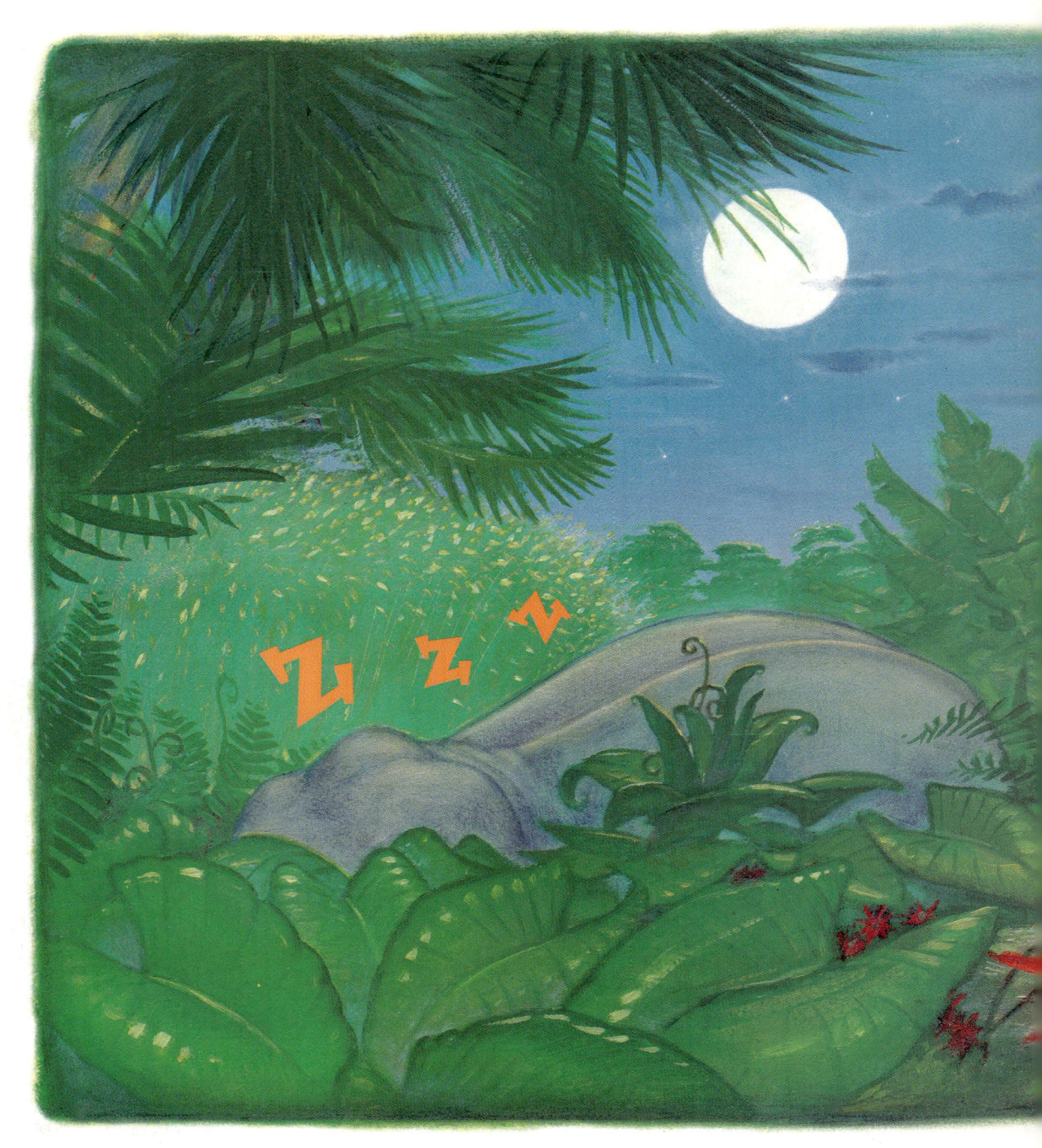

¿Es un elefante?

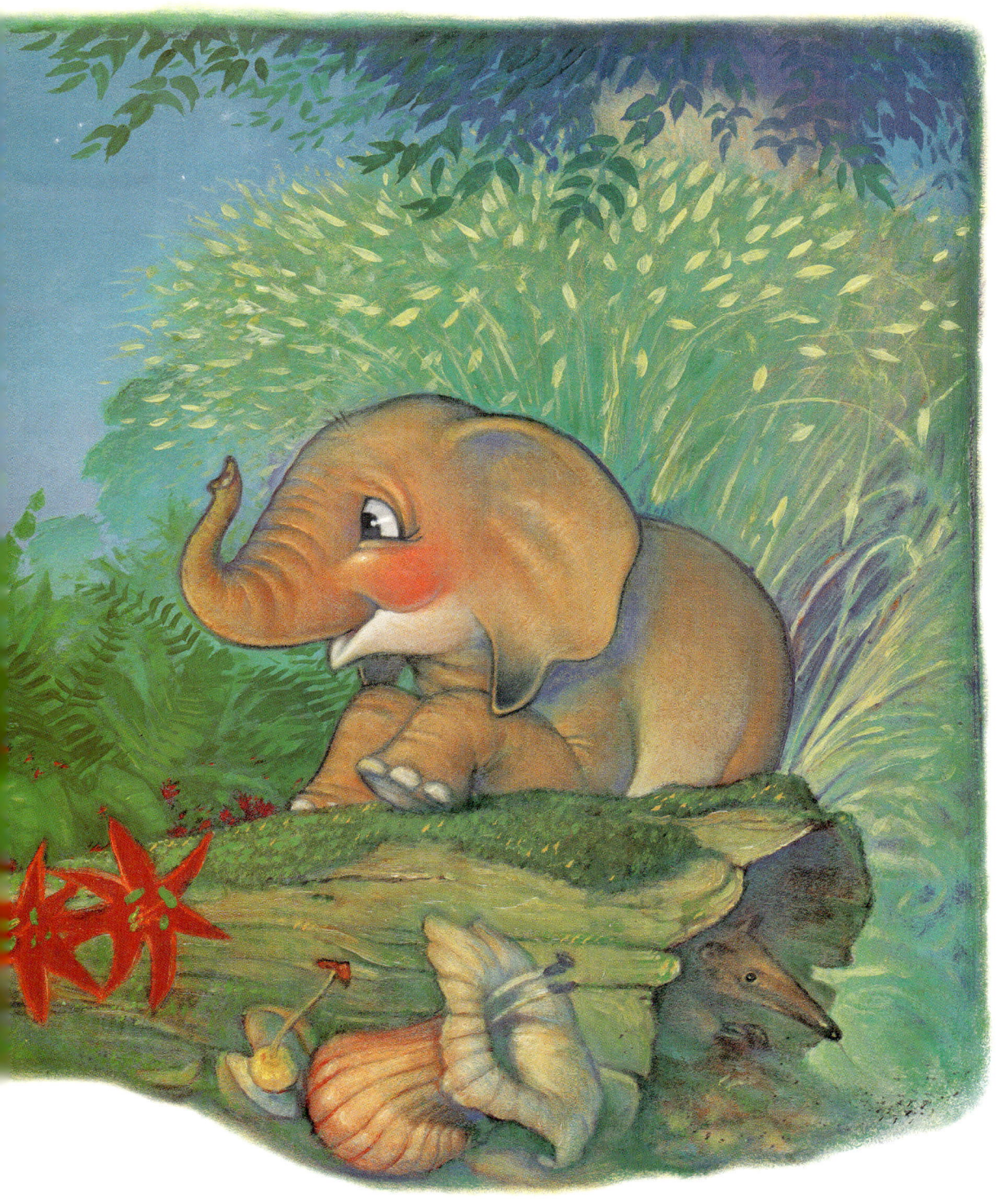

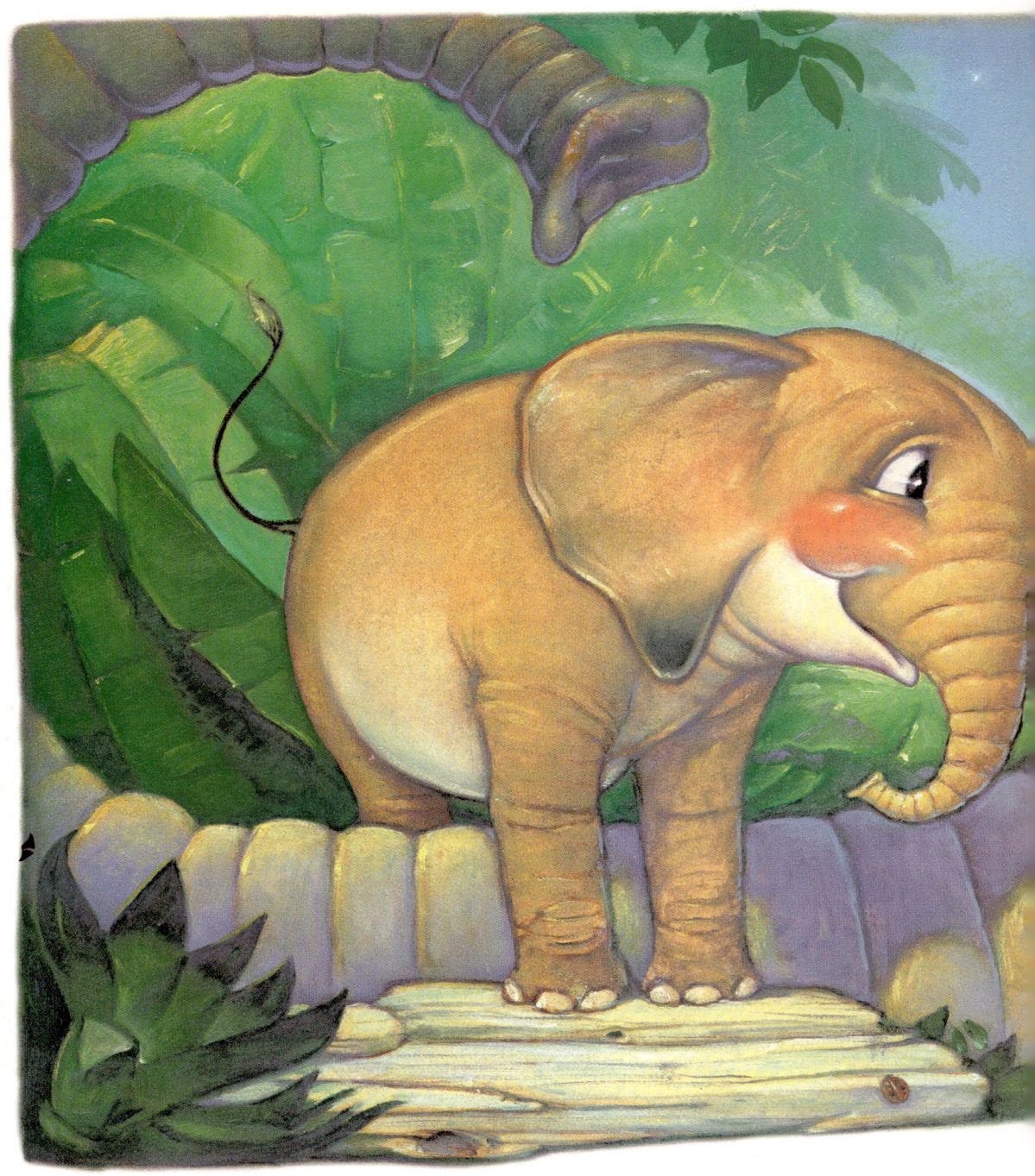

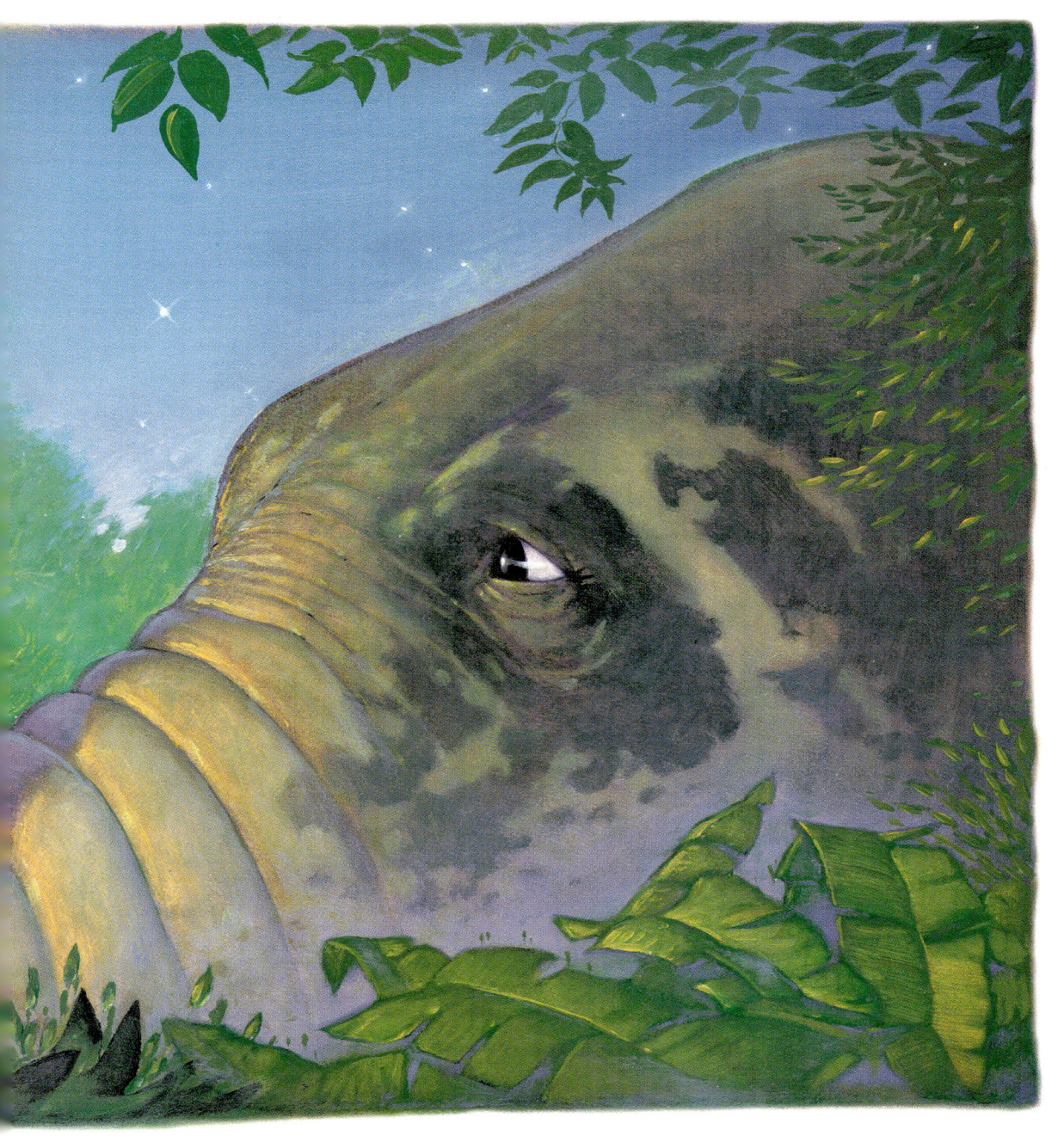

Sí, ¡es mi papá!

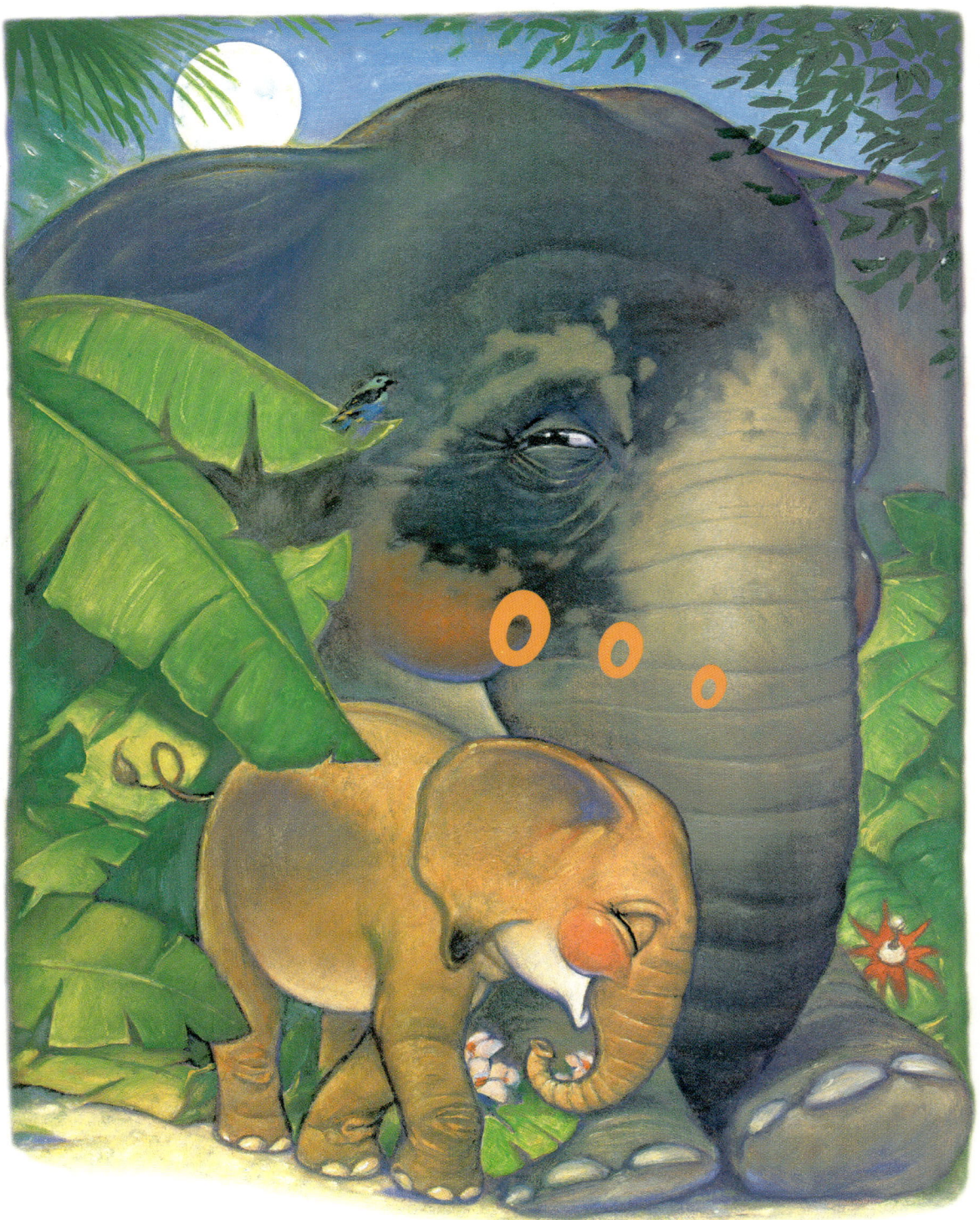